クス
Taishukan Japanese Readers

Level
2

サル《さる》とカニ《かに》

NPO多言語多読《たげんごたどく》［再話《さいわ》・監修《かんしゅう》］
石川智子《いしかわともこ》［挿絵《さしえ》］

大修館書店

あるところに、カニ《かに》がいました。

カニ《かに》は海《うみ》のそばに住《す》んでいました。

ある日《ひ》、カニ《かに》は、おにぎりを持《も》って散歩《さんぽ》に行《い》きました。

すると、山《やま》のほうからサル《さる》が歩《ある》いてきました。

サル《さる》は柿《かき》の種《たね》を持《も》っていました。サル《さる》は、カニ《かに》のおにぎりを見《み》て思《おも》いました。

――あ、あのおにぎりが食《た》べたいな――

そして、カニ《かに》に言《い》いました。

「カニ《かに》さん、こんにちは。大《おお》きなおにぎりを持《も》っていますね」

カニ《かに》は答《こた》えました。

「ええ。サル《さる》さんが持《も》っているものは何《なん》ですか」

サル《さる》は言《い》いました。

「柿《かき》の種《たね》ですよ。これを庭《にわ》に埋《う》めて水《みず》をやると、大《おお》きな木《き》になります。

そして、おいしい柿《かき》ができます」

「へえー」

「カニ《かに》さんのおにぎりは一《ひと》つだけですね。でも、柿《かき》はたくさんできますよ」

「いいですねえ」

「ほしいですか。あげますよ」

「え！ うれしいな」

「じゃあ、柿《かき》の種《たね》をあげますから、その
おにぎりを私《わたし》にください」

カニ《かに》はサル《さる》に、おにぎりをあげました。

そして、柿《かき》の種《たね》をもらいました。

カニ《かに》は、喜《よろこ》んで家《いえ》へ帰《かえ》りました。

サル《さる》は、

「ばかなカニ《かに》だ」

と言《い》って、すぐにおにぎりを食《た》べました。

カニ《かに》は家《いえ》へ帰《かえ》ると、柿《かき》の種《たね》を庭《にわ》に
埋《う》めました。

それから、毎日毎日《まいにちまいにち》、水《みず》をやりました。
でも、柿《かき》の種《たね》は芽《め》を出《だ》しません。

カニは言《い》いました。
「早《はや》く芽《め》を出《だ》せ！　柿《かき》の種《たね》。
芽《め》を出《だ》さないと、はさみで切《き》るぞ！」

柿《かき》の種《たね》は、びっくりして芽《め》を出《だ》しました。

カニ《かに》は、毎日毎日《まいにちまいにち》、柿《かき》の芽《め》に水《みず》をやりました。
でも、柿《かき》の芽《め》は木《き》になりません。
「早《はや》く木《き》になれ！　柿《かき》の芽《め》。
木《き》にならないと、はさみで切《き》るぞ！」

柿《かき》の芽《め》は、びっくりして大《おお》きな木《き》になりました。そして、木《き》に青《あお》い柿《かき》が、たくさんできました。でも、青《あお》い柿《かき》は赤《あか》くなりません。

カニ《かに》は、また、毎日毎日《まいにちまいにち》、柿《かき》の木《き》に水《みず》をやりました。
「早《はや》く赤《あか》くなれ！　青《あお》い柿《かき》。赤《あか》くならないと、はさみで切《き》るぞ！」
柿《かき》は、またびっくりして急《いそ》いで赤《あか》くなりました。
カニ《かに》は、うれしくて、うれしくて、
——早《はや》く食《た》べたい——
と思《おも》いました。

そして、柿《かき》の木《き》に登《のぼ》りました。

何回《なんかい》も登《のぼ》りましたが、木《き》の上《うえ》まで行《い》くことができません。

それを山《やま》の上《うえ》で、サル《さる》が見《み》ていました。

——あ、柿《かき》がたくさんできたな——

サル《さる》は、急《いそ》いで山《やま》から下《お》りてきました。

「カニ《かに》さん、私《わたし》が柿《かき》をとってあげましょうか」

サル《さる》は、そう言《い》って柿《かき》の木《き》の一番上《いちばんうえ》まで登《のぼ》りました。そして、赤《あか》い柿《かき》をとって食《た》べました。

「おいしい、おいしい」

「お~い、サル《さる》さん、サル《さる》さん。私《わたし》にも一《ひと》つとってください!」

カニ《かに》は木《き》の下《した》で言《い》いました。

でも、サル《さる》は何《なに》も言《い》わないで食《た》べています。

カニ《かに》は大《おお》きな声《こえ》で言《い》いました。
「お~い、サル《さる》さん、私《わたし》にも
一《ひと》つとってください!」

サル《さる》は、

「**わかった。えい！**」

と言《い》って、青《あお》い柿《かき》をとって投《な》げました。

「痛《いた》い！」

サル《さる》は、また、青《あお》い柿《かき》を投《な》げました。

「痛《いた》い！　痛《いた》い！」

カニ《かに》は立《た》つことも歩《ある》くこともできなくなりました。

サル《さる》は、

「ああ、おいしかった」

と言《い》って、山《やま》へ帰《かえ》りました。

次《つぎ》の日《ひ》、カニ《かに》の家《いえ》へ、臼《うす》とハチ《はち》と栗《くり》が遊《あそ》びに来《き》ました。

カニ《かに》の話《はなし》を聞《き》いてみんなが言《い》いました。

「悪《わる》いサル《さる》だ！」

「嫌《いや》なサル《さる》だ！」

臼《うす》が言《い》いました。

「これから、みんなでサル《さる》の家《いえ》へ行《い》きましょう！」

臼《うす》とハチ《はち》と栗《くり》は、サル《さる》の家《いえ》へ行《い》きました。

でも、サル《さる》はいませんでした。

「どうしましょう？」

「待《ま》ちましょう」

「どこで待《ま》ちましょう？」

臼《うす》は、家《いえ》の屋根《やね》の上《うえ》で待《ま》ちました。

栗《くり》は、いろりの灰《はい》の中《なか》で待《ま》ちました。

ハチ《はち》は、水《みず》が入《はい》ったかめの後《うし》ろで待《ま》ちました。

すると、サル《さる》が帰《かえ》ってきました。

サル《さる》は、

「ああ、寒《さむ》い、寒《さむ》い。お尻《しり》が冷《つめ》たいなあ」

と言《い》って、いろりの前《まえ》に座《すわ》りました。

そのときです。灰《はい》の中《なか》の栗《くり》が、熱《あつ》くなって飛《と》び出《だ》しました。

パーン《ぱーん》

「ぎゃー、熱《あつ》い、熱《あつ》い！」

サル《さる》のお尻《しり》は、赤《あか》くなりました。

サル《さる》は、急《いそ》いで水《みず》が入《はい》ったかめのところへ行《い》きました。すると、かめの後《うし》ろで待《ま》っていたハチ《はち》が飛《と》び出《だ》して、サル《さる》のお尻《しり》を刺《さ》しました。

ブーン《ぶーん》、チクッ《ちくっ》

「痛《いた》い、痛《いた》い！」
サル《さる》は泣《な》きながら家《いえ》の外《そと》に出《で》ました。

そのときです。屋根《やね》の上《うえ》の臼《うす》が、サル《さる》の上《うえ》に
飛《と》び降《お》りました。

ドスーン《どすーん》

「うわぁ、重《おも》いよ〜、痛《いた》いよ〜」

臼《うす》とハチ《はち》と栗《くり》が、サル《さる》に聞《き》きました。

「もう悪《わる》いことはしないか？」

「ごめんなさい。もう悪《わる》いことはしません」

サル《さる》は泣《な》きながら答《こた》えました。

[監修者紹介]

NPO 多言語多読（エヌピーオー　たげんごたどく）

2002年に日本語教師有志が「日本語多読研究会」を設立し、日本語学習者のための多読用読みものの作成を開始した。2012年「NPO 多言語多読」と名称を変更し、日本語だけでなく、英語、韓国語など、外国語を身につけたい人や、それを指導する人たちに「多読」を提案し、支援を続けている。http://tadoku.org/

主な監修書：『にほんご多読ブックス』vol. 1 ～ 10（大修館書店）、『レベル別日本語多読ライブラリー にほんご よむよむ文庫』スタート、レベル 0 ～ 4（それぞれ vol. 1 ～ 3）、『日本語教師のための多読授業入門』（ともにアスク出版）、『日本語多読 上下巻』（WEB JAPANESE BOOKS）

＊ この本を朗読した音声は、NPO 多言語多読のウェブサイトからダウンロードできます。https://tadoku.org/japanese/audio-downloads/tjr/#audiodownload-01

〈にほんご多読《たどく》ブックス〉 vol. 1-5
サルとカニ

NDC817／18p／21cm

初版第1刷――2016年6月10日
第2刷――2024年5月 1 日

監修者――――NPO 多言語多読《たげんごたどく》
発行者――――鈴木一行
発行所――――株式会社 大修館書店
〒113-8541　東京都文京区湯島2-1-1
電話　03-3868-2651（販売部）　03-3868-2290（編集部）
振替　00190-7-40504
[出版情報]　https://www.taishukan.co.jp

イラスト―――石川智子
表紙組版―――明昌堂
印刷・製本所―壮光舎印刷

ISBN978-4-469-22249-4　　Printed in Japan

朗読音声《ろうどくおんせい》のご案内《あんない》

この本《ほん》を朗読《ろうどく》した音声《おんせい》は、NPO多言語多読《たげんごたどく》のウェブサイト《うぇぶさいと》から
ダウンロード《だうんろーど》できます。

▶https://tadoku.org/japanese/audio-downloads/tjr/#audiodownload-01

〈にほんご多読ブックス〉 レベル/語数/文法のめやす

		JLPT	語数	1話あたりの字数	主な文法事項
0	入門	N5	350	～400	現在形，過去形，疑問詞，～たい　など（基本的に「です・ます体」）
1	初級前半		350	400～1,500	
2	初級後半	N4	500	1,500～3,000	辞書形，て形，ない形，た形，連体修飾，～と（条件），～から（理由），～なる，～のだ，など
3	初中級	N3	800	2,500～6,000	可能形，命令形，受身形，意向形，～とき，から，たら・ば・なら，～そう（様態），～よう（推量・比喩），複合動詞　など
4	中級		1,300	5,000～15,000	使役形，使役受身形，～そう（伝聞），～らしい，～はず，～もの，～ようにする／なる，ことにする／なる　など
5	中上級	N2	2,000	8,000～25,000	機能語・複合語・慣用表現・敬語など 例）～につれて，～わけにはいかない，切り開く／召し上がる，伺う

JLPT

日本語能力試験（JLPT）のレベルについては、「日本語能力試験公式ウェブサイト」の「N1～N5：認定の目安」（http://www.jlpt.jp/about/levelsummary.html）を参考にしました。

ふりがな（ルビ）のふり方

レベル0～2…すべての漢字とカタカナ／レベル3，4…すべての漢字／
レベル5…小学校三年生以上で習う漢字